AF231507

CONFÉRENCE

FAITE PAR

M. LE BARON DE RING

AUX ÉTUDIANTS ÉTRANGERS FRÉQUENTANT L'UNIVERSITÉ DE DIJON

LE 24 JUILLET 1903

CONFÉRENCE

FAITE PAR

M. LE BARON DE RING

AUX ÉTUDIANTS ÉTRANGERS FRÉQUENTANT L'UNIVERSITÉ DE DIJON

LE 24 JUILLET 1903

Messieurs,

Pour le moraliste épris de justice absolue toute conquête est haïssable, quelque légitimes qu'aient pu être les causes de la guerre qui y aura donné lieu ; car la conquête ne peut manquer d'avoir pour conséquences un amoindrissement douloureux de la vie nationale du peuple conquis et d'innombrables froissements pour les individus, atteints dans leurs sentiments comme dans leurs intérêts matériels. Et qu'on ne se figure pas qu'il en soit ainsi uniquement lorsque c'est un peuple de haute civilisation qui passe sous une domination étrangère. En pareil cas un peuple, de ceux que l'on dit arriérés, ne souffre guère moins. Mais la marche de l'humanité semble réglée, par une force supérieure, de telle sorte qu'à certaines époques, dans certaines circonstances, le progrès ne peut s'opérer que par l'effet de la compénétration des peuples, c'est-à-dire par la conquête, et que la propagande, intellectuelle, religieuse, commerciale, ses facteurs habituels, n'y suffisent pas.

Depuis la fin du Moyen Age la civilisation européenne s'est répandue sur le monde par la conquête principalement. D'abord en Amérique, où les Espagnols ont trouvé des populations relativement policées, que la soif des métaux précieux leur a fait en partie anéantir, mais dont les éléments survivants se sont unis par des mariages aux envahisseurs, formant ainsi des races métissées qui sont devenues des nations nouvelles de langue espagnole, s'élevant, bien que d'un pas lent, au niveau de l'Europe. Un brillant avenir leur semble promis. Quant aux Anglais, ils n'ont rencontré sur le même continent que des sauvages, réfractaires à toute européisation, qu'ils ont refoulés et exterminés, procédé dont, pour la même raison, ils ont aussi usé en Australie. Là il n'y a donc pas eu à proprement parler conquête, mais substitution violente d'hommes blancs à des hommes cuivrés ou noirs, et fondation d'états d'origine purement européenne. Dans l'Inde, par contre, les Anglais ont simplement créé une *domination*, mais sans chercher à y coloniser, l'énorme densité de la population indigène et sa civilisation *sui generis* fort avancée ne s'y prêtant point. Quant à nous, Français, nous avons essayé, au Canada, un système de colonisation beaucoup plus bienveillant pour les Peaux-Rouges, que les systèmes anglais et espagnol ; mais l'œuvre a été interrompue trop tôt pour qu'on puisse se rendre compte de ce qu'elle aurait produit. Et aujourd'hui nous portons notre activité dans des pays, très divers par les races qui les habitent et par le degré de civilisation de celles-ci. Aussi nos procédés diffèrent-ils essentiellement d'une région à l'autre. Ainsi nous gouvernons l'Indo-Chine à peu de chose près comme les Anglais gouvernent l'Inde, et nous n'agissons guère différemment à Madagascar. Mais en Algérie nous nous sommes trouvés placés, dès le début, dans des conditions spéciales. Aussi n'avons-nous pu nous y inspirer d'aucun précédent. C'est l'expérience qui nous a guidés, une expérience chèrement acquise, après des tâtonnements nombreux et des écoles douloureuses, qui nous ont coûté énormément d'or et de sang.

Et tout d'abord qu'est-ce qui nous y a amenés ? Un incident diplomatique. Deux marchands israélites, Bousnach et Bakry, sujets du Deylik, avaient, pendant l'expédition de Bonaparte en Égypte, fourni des vivres et des munitions à son armée, et avaient cherché à les faire payer à un prix exorbitant. Aussi leur créance était-elle restée en souffrance. Or, chaque fois que le gouvernement français eut ensuite à se plaindre de quelque acte de piraterie des Algériens, on lui répondit Bousnach et Bakri. Vers la fin du règne de Charles X, en 1828, la querelle s'envenima, et, un beau jour, le Dey, Hussein Pacha frappa au visage, d'un coup d'éventail, le consul Duval. C'est cette cause, si futile en apparence, qui devait changer les destinées de l'Afrique septentrionale. — Entendons-nous bien d'ailleurs. Après l'offense faite au roi de France dans la personne de son consul, Charles X et ses ministres en demandèrent réparation. Elle leur fut refusée. Alors germa immédiatement dans leur esprit la double pensée de profiter de l'occasion pour tirer une vengeance définitive des effroyables sévices exercés, pendant des siècles, par les corsaires barbaresques contre les nations chrétiennes, — en s'emparant de leurs repaires, et de créer en Afrique une nouvelle France, afin, d'une part, de compenser les pertes de colonies subies par notre pays au temps de la République et de l'Empire, d'autre part afin d'établir un meilleur équilibre entre la France et l'Angleterre dans

la Méditerranée. Le cabinet des Tuileries s'expliqua d'ailleurs là-
dessus très clairement et très fièrement avec celui de Saint-James.

Je ne saurais vous entretenir des faits de guerre qui marquè-
rent la conquête de l'Algérie. Cela ne rentre pas dans mon sujet ;
mais, pour l'intelligence de celui-ci, j'ai besoin de vous dire quelques mots du passé de ce pays, et après, de vous exposer briè-
vement dans quel état nos soldats l'ont trouvé.

***

A l'origine l'Afrique du Nord paraît avoir été peuplée par des
nègres, dont les pareils, vivant encore actuellement, à l'état de
servage, dans les oasis, descendent vraisemblablement. On les
nomme les *Haratin* ; leur physique diffère beaucoup de celui des
nègres soudanais. Cette première couche d'habitants fit place à
une race blanche chamitique (donc apparentée aux primitifs Egyp-
tiens) à laquelle les Grecs imposèrent le nom de Lybiens. Elle
engloba, dans le cours des âges, des éléments ethniques divers,
en partie de race aryenne peut-être, comme semble le prouver
l'existence en Afrique de monuments mégalithiques pareils à ceux
des Gaules. Plus tard vinrent s'y fixer de nombreuses colonies
phéniciennes, dont la plus importante fut Carthage ; puis y péné-
trèrent les Romains, sous la domination desquels l'Afrique par-
vint à un développement prodigieux comme culture intellectuelle
et prospérité matérielle. Une invasion de Vandales, peuple ger-
manique, semble aussi y avoir fait souche. Du moins certains
savants le supposent ; parce qu'on voit chez les Kabyles parfois
des hommes et des femmes blonds à yeux bleus. Toutefois l'ère
vandale dura peu, et Bélisaire réunit de nouveau, pour un temps,
l'Afrique du Nord à l'Empire Romain. Ce furent les Arabes qui
la lui arrachèrent sous le règne des premiers Kalifes. Or, comme
cette conquête fut extrêmement rapide, il n'est pas téméraire de
supposer que la domination romano-byzantine, battue d'ailleurs
depuis longtemps en brèche par des soulèvements des indigènes,
n'y avait pas retrouvé son ancienne solidité ; de même qu'il est
clair que l'étonnante facilité, avec laquelle l'islamisme s'est im-
planté dans l'esprit des Africains, ne peut être attribuée qu'à ce
qu'il y avait auparavant de flottant dans leur conscience chré-

tienne. On sait, en effet, que nulle part ailleurs ne sont écloses et ne se sont propagées autant d'hérésies qu'en Afrique. Au reste partout, règle générale, où le dogme mahométan a éteint la foi chrétienne c'est l'hérésie ou le schisme qui lui a frayé la voie.

En somme, bien que, pendant la période byzantine, la civilisation eût fléchi en Afrique, le pays était cependant encore, à l'arrivée des premières bandes d'Arabes, fort prospère. De grandes villes s'y voyaient en diverses régions, les plaines y étaient bien cultivées, les montagnes boisées. Dans les contrées se prêtant peu à la culture des céréales, parce que les pluies y étaient rares, on avait planté des oliviers, qui avaient fait de l'Afrique la première productrice d'huile au monde. Aussi les auteurs arabes du temps l'appelèrent-ils *El-Khadra* (*la verte*). Comment s'est opérée sa déchéance? Les premiers envahisseurs arabes formaient une armée. Ils saccagèrent bien quelques cités, ravagèrent certains cantons ; mais au demeurant, ne firent guère plus de dégâts que les autres armées d'alors, toutes également dépourvues d'intendance, n'en commettaient ailleurs en vivant sur le pays. Par contre les invasions subséquentes furent plus désastreuses, car celles-ci traînèrent à leur suite des hordes sans cesse renouvelées de nomades, qui brûlèrent les lieux habités et massacrèrent ou dispersèrent les habitants, dont les survivants cherchèrent un asile dans les montagnes. Bref ils firent le désert autour d'eux, on dirait d'instinct, pour ne rien changer à leur vie accoutumée. Cette grande destruction battit son plein vers l'époque de la sixième invasion arabe (693) ; elle était achevée au xie siècle de notre ère, peu après l'arrivée des Hillaliens (1048). Ce fait historique est des plus suggestifs, en ce sens qu'il prouve à quel point la mentalité arabe manque de plasticité. On est surpris, en effet, de voir que des miséreux que la fortune des armes met en possession de terres fertiles, de villes opulentes ne s'empressent pas de jouir de ces biens, en cherchant à vivre à la mode des vaincus. S'ils ne le font pas c'est parce que, apparemment leur naturel a pris un pli quasi indélébile. Je me hâte cependant d'ajouter qu'après la domination hillalienne l'Afrique n'a pas été plongée dans la barbarie d'une manière continue. Sous diverses dynasties locales, dont je n'ai pas le temps de retracer l'histoire, elle a connu des périodes de relèvement. L'art arabe, qui a été un grand art, la science et la littérature arabes, qui ont conservé à l'humanité une partie des connaissances antiques, ont fleuri en Afrique, par moments, aussi bien qu'en Syrie et en Espagne. A certaines époques, on peut l'affirmer, les royaumes de Tlemcen, de Tunis, ont été aussi civilisés que la France contemporaine, bien que d'une civilisation différente, et, sous le rapport des arts industriels, ils l'emportaient sur elle. Mais là, comme en Syrie, ces renouveaux doivent être attribués aux indigènes islamisés plutôt qu'aux Arabes de race. Par contre, tandis que le monde européen n'a cessé de progresser depuis les Croisades, le monde mahométan a suivi une marche inverse, qu'il est permis d'attribuer en première ligne à une dégénérescence de la doctrine islamique elle-même. La religion de Mahomet fut primitivement une religion assez philosophique, laissant à ses adeptes une liberté d'esprit qu'ils ont perdue depuis. Certaines sectes mahométanes ont professé un idéalisme éthéré, d'autres le panthéisme, d'autres encore un matérialisme grossier ou même l'anarchie. De graves mouvements anarchistes ont, à plusieurs reprises, mis le Kalifat à deux doigts de sa perte. Ce bouillonnement des esprits était, en somme, favorable à la recherche scientifique. Une fois endigué et canalisé il aurait pu faire de l'Islam un des véhicules du progrès. Hélas, le sort en a décidé autrement. Une orthodoxie étroite et oppressive a triomphé. Un monachisme d'une forme particulière (Derviches) a pris naissance, et dénaturé le sévère monothéisme de Mahomet, en greffant sur lui des superstitions, qui lui étaient tout à fait étrangères; la manie théologique a étouffé petit à petit toute recherche. Littérature, science, art, tout a périclité ainsi. Une stagnation intellectuelle effrayante a fini par devenir le lot du monde islamique, en Afrique surtout. Quant à la ruine économique de la portion de l'Afrique septentrionale que nous occupons aujourd'hui, elle a été l'œuvre de la domination turque.

*_**

Inintelligente, violente, anarchique, la domination turque a opprimé et pressuré effroyablement les Indigènes, et semé constamment la zizanie entre eux, afin de se maintenir. D'où d'innombrables guerres de tribu à tribu et un abaissement notable du chiffre de la population. Plus de routes, ni ponts dans les campagnes ; plus de sources captées ni d'aqueducs ; plus de barrages sur les cours d'eau ; bien peu d'industrie dans les villes ; insécurité partout. Rien de florissant si ce n'est la piraterie sur mer. L'effet de ce régime exécrable fut que les campagnes cessèrent en grande partie d'être cultivées. En particulier la zone côtière était devenue presque déserte. La brousse s'étendait jusqu'à la banlieue d'Alger. La plaine de la Mitidja, devenue aujourd'hui, grâce à la culture française, une merveille de fertilité, était, avant 1830, couverte de marais pestilentiels. Jugez du reste. Au surplus l'autorité du Sandjak d'Alger, en dehors des pays de plaine, était des plus précaires. Certains massifs, tels que la Kabylie, y échappaient complètement, de même qu'une grande partie des hauts plateaux, à fortiori les oasis. — Quant aux habitants, ils formaient quatre groupes : 1° Les Turcs et les métis turco-arabes nommés *Koulougli*, dans les villes ; à côté d'eux, 2° les Maures, citadins de race mélangée ; — 3° les Berbères sédentaires, dont les Kabyles, occupant les montagnes les plus hautes, vivant dans des maisons groupées en village, et ayant conservé, en dépit du Coran, un droit coutumier, différent de ses dispositions législatives, et des institutions municipales démocratiques. En pays kabyle la population est extrèmement dense et la propriété extrèmement divisée, à telles enseignes que souvent un arbre fruitier y appartient à plusieurs propriétaires. Les Kabyles ont l'esprit ouvert, sont industrieux, bons artisans malgré la défectuosité de leur outillage. Pour gagner leur vie, ils essaiment de leurs montagnes et vont louer leurs services dans la plaine, ou y trafiquent comme colporteurs ; mais jamais ils ne s'y fixent à demeure. Leur langue diffère absolument de l'arabe. C'est seulement sous l'Empire, en 1857, que la Kabylie a été conquise par nous.

4° Les Arabes et Berbères arabisés sous le double rapport de la langue et des mœurs, vivant, les uns comme les autres, partie sous la tente, partie dans des huttes en branchages dites *gourbis* ; nomades ou semi-nomades, population clairsemée, répartie sur de vastes espaces, mais, sauf dans les régions tout à fait désertiques, pourtant trop nombreuse pour pouvoir mener une existence purement pastorale. Ces gens labourent donc (mal), et ensemencent, chaque année, une certaine surface cultivable, se transportent ensuite, en attendant que leur blé et leur orge poussent, dans des espaces seulement propres au pacage, reviennent faire leur récolte, et ainsi de suite : vie de fainéants pendant les trois

quarts de l'année. Ils n'ont qu'une industrie de famille rudimen-
taire. La propriété individuelle n'existe chez eux qu'à titre d'ex-
ception. Les terres appartiennent, en général, à la tribu ou à ses
diverses fractions dites *douars*. Tribus et douars, lors de notre
arrivée, avaient à leur tête une double aristocratie, formées, l'une
de nobles d'épée, *Djouad*, l'autre de familles vouées ou censées
vouées à la vie spirituelle, les *Marabouts*. Tout cela était assez
vaguement connu en Europe, alors, et je m'imagine que M. le
maréchal de Bourmont, lorsqu'il fit débarquer son armée à Sidi-
Ferrouch, n'en avait lui-même qu'une idée fort peu nette. Chose à
peine croyable, mais pourtant vraie, plusieurs années après l'ins-
tallation d'un gouvernement militaire français en Algérie, ses
bureaux n'avaient pas encore saisi la différence profonde existant
entre Arabes et Berbères, parce que les individus de cette dernière
race ayant affaire à eux parlaient quelque peu l'arabe. C'est aussi
après quelques années seulement que ces mêmes bureaux surent
quelles terres appartenaient à l'Etat Français, héritier du Deylik
turc. — Ce qu'en revanche nos premiers gouverneurs, généraux
et fonctionnaires comprirent dès l'abord, c'est que la société
indigène, inébranlable dans ses traditions, ses idées, ses mœurs,
consciente de sa nationalité, opiniâtrément attachée à sa religion,
haïssant et méprisant les Roumis, d'ailleurs régulièrement cons-
tituée et se suffisant à elle-même, formait un bloc infrangible, que
la civilisation européenne ne pénétrerait jamais au point de le
transformer et d'en opérer l'assimilation. D'où ils conclurent, à
tort, qu'il n'y avait pas avantage à appeler dans le pays une
population chrétienne, qui n'y pourrait pas vivre, pensaient-ils,
à côté des indigènes. Aussi furent-ils hostiles à toute idée de
colonisation. Celle-ci s'opéra ainsi d'abord malgré eux, je dirais
volontiers contre eux.

*_**

Le Gouvernement de juillet, qui remplaça celui de la Restau-
ration, recueillit d'ailleurs, tout d'abord, avec une répugnance
marquée, la conquête que Charles X lui léguait. Sa première
pensée fut de l'abandonner. Hommes d'Etat et publicistes du
nouveau régime rivalisèrent d'entrain pour en réclamer l'éva-

cuation. Ce n'est qu'en 1835 que cette idée funeste fut condamnée par l'opinion publique ; et les chambres comme le gouvernement durent accepter son verdict ; mais encore le firent-ils de mauvaise grâce. Pendant de longues années donc l'évacuation fut constamment à l'ordre du jour, détestable condition pour coloniser; car qui va se risquer à défricher un champ qu'il doit craindre de pouvoir perdre le lendemain ?

A leur arrivée dans le pays nos troupes y trouvèrent en tout 602 personnes se réclamant de notre nationalité ou de notre protection consulaire, et ces personnes ne formaient nulle part un groupe compact. Avec l'armée cependant une foule d'aventuriers, cabaretiers, mercantis y firent irruption, la plupart gens peu recommandables. Bien entendu aucun d'eux ne se souciait de mettre la main à une charrue. Mais, vers la fin de 1832, ils furent suivis par un groupe tout différent, composé d'hommes jeunes, actifs, en possession de capitaux, la plupart appartenant à des familles légitimistes ennemies de la monarchie de Juillet. Ceux-ci furent d'abord singulièrement déçus par l'aspect lamentable du pays ; mais, par amour-propre, ils s'y installèrent néanmoins aussitôt comme colons. Les premiers, cela se conçoit, aux portes même d'Alger. Ils y achetèrent, soit à de riches Turcs désireux de s'expatrier ou plus exactement de se rapatrier, soit à d'autres des terrains à beaux deniers comptants, s'entendirent avec leurs khammès (fermiers) en améliorant généreusement les conditions de leur contrat, se montrèrent respectueux de la religion et des mœurs de leurs voisins, qu'ils aidaient parfois à remettre en état la tombe de quelque musulman vénéré, bref se conduisirent en hommes si justes, si obligeants qu'ils désarmèrent les préventions des indigènes. Ils allèrent, quelques-uns, jusqu'à adopter le costume de ceux-ci, d'ailleurs si bien approprié au climat. Aussi n'eurent-ils guère, au commencement, besoin de se faire protéger par l'autorité française. Les indigènes, loin d'être brimés et molestés par eux, gagnaient à leur présence; donc peu ou point de difficultés entre les deux parties. Ce succès pacifique, bientôt connu en France, donna une forte impulsion à l'émigration vers l'Algérie. Les nouveaux arrivants ne purent, naturellement, plus se blottir autour d'Alger; ils durent aller plus loin. Entre parenthèse dès 1835 la population civile européenne de l'Algérie atteignait 11.000 âmes, en majorité françaises. Le premier colon qui, s'aventurant dans la plaine, osa se montrer

seul et sans escorte sur le marché de Boufarik, fut un certain
M. de Vialar, dont le nom est resté, de ce fait, dans la mémoire
de tous les franco-algériens. Son exemple fut immédiatement
suivi par d'autres hommes énergiques, tels que M. de Lapeyrière,
qui acheta la grande ferme de Boukandoura, M. de Saint-Guilhem,
qui se fixa à l'Arba, M. de Montaigu chez les Beni-Moussa. En
1836 tout un flot de colons vint résider à Boufarik, et des exploitations furent créées jusqu'au pied de l'Atlas. C'est ainsi qu'en
1837, deux ans seulement après l'ouverture de la Mitidja, les
colons avaient mis en culture 9,094 hectares, greffé 60,000 oliviers et planté 85,000 mûriers dans cette plaine. Si l'on songe
qu'en dehors de la banlieue d'Alger ils ne trouvèrent nulle part
une maison habitable, qu'il leur fallut donc, à chacun, en cons-
truire une, avec des communs, des abris pour les ouvriers, des
hangars, des écuries, capter des sources, faire des travaux de
canalisation, drainer, assainir, défricher, on reste confondu de la
somme d'efforts, d'intelligence et d'argent que tout cela représente. Bientôt à la culture des céréales se joignirent des cultures
industrielles : tabac, coton, indigo, canne à sucre. Enfin on fit de
l'élevage en grand, et l'on récolta du fourrage pour les chevaux
de l'armée. Tous ces produits, les colons les vendaient cher ;
aussi purent-ils bientôt faire venir de France nombre d'ouvriers
agricoles, qui, s'établissant auprès d'eux, formèrent des ha-
meaux européens, des embryons de villages, où vinrent ensuite
s'installer des ouvriers du bâtiment, des forgerons, bouchers et
autres, enfin de petits marchands. Tout cela, messieurs, et j'in-
siste sur ce point, s'est opéré en dehors de toute aide, de tout
encouragement sérieux du gouvernement, preuve évidente que le
Français, livré à lui-même, n'est point, comme aucuns le préten-
dent, congénitalement impropre à coloniser. Il est vrai de dire
cependant qu'après avoir enfin pris son parti de ne pas évacuer
l'Algérie, le gouvernement de Louis-Philippe étendit lui aussi la
zone de son occupation militaire, en créant des postes fortifiés
dans le *Sahel* et la *Mitidja*. Les plus importants de ces camps
fixes furent établis à Moustapha, à El-Biar, à Hussein-Dey, à la
Maison Carrée, tous ceux-ci dans la banlieue d'Alger, et plus avant
dans les terres à Kouba, Birkadem, Tixéraïn, Déli-Ibrahim,
points déjà habités par des colons. Puis on en créa aussi ailleurs,
où ne résidaient pas encore de Français ; ce qui amenait tout de
suite la formation d'un nouveau groupe de colons. Bref, nombre

des villages et des bourgs du Sahel et de la Mitidja, aujourd'hui si florissants, n'ont pas eu d'autre origine que l'exploitation des grandes fermes acquises de gré à gré par des hommes entreprenants munis d'argent, et leurs premiers habitants n'ont été autres que les travailleurs agricoles appelés à vivre sur ces domaines et les ouvriers divers et marchands associés à leur sort. — Il n'y avait dans ces agglomérations primitives ni instituteur, ni maire, ni prêtre, ni notaire, ni église, ni maison commune, ni école. Il n'existait pas non plus de chemin carrossable les reliant à Alger. Tout ce luxe, le gouvernement ne le leur octroya que beaucoup plus tard. Au début même ses agents n'eurent qu'une préoccupation : décourager toute personne voulant se créer une existence indépendante en Algérie. C'est ainsi qu'on ne fit aux premiers aspirants colons aucune concession de terrain domanial, qu'on ne consentit même pas à leur en vendre, qu'on les força ainsi à acheter aux indigènes des propriétés dont les titres pouvaient être contestés, et qu'on les empêcha ensuite, sous prétexte que leurs droits de propriétaire étaient incertains, d'hypothéquer leurs terrains pour contracter des emprunts. C'est ainsi qu'on entrava l'émigration en demandant à tout émigrant de justifier d'un pécule lui permettant de vivre en Algérie. J'ajoute que lorsqu'au temps du deuxième gouvernorat du maréchal Clauzel l'administration vint à donner quelques concessions gratuites, elle le fit sans méthode, souvent au profit de pauvres diables sans aptitude pour la culture ; que, d'autre part, elle ne sut pas réprimer la spéculation effrénée sur les terrains, à laquelle se livraient des faiseurs tarés, au grand dam des colons sérieux. Mais voici le comble : Lorsqu'en 1837 on conclut avec Abd-el-Kader le traité de la Tafna, qui nous garantissait la possession de la Mitidja, on eut l'idée bizarre de creuser un fossé avec remblai tout autour de ce qu'on voulait en garder, sous prétexte de défense contre les Arabes, mais en réalité pour faire obstacle à la pénétration des Européens dans l'intérieur : par parenthèse ce fossé ne servit jamais à rien, militairement, mais, sur beaucoup de points, il a facilité l'écoulement des eaux, et contribué ainsi à assainir la contrée. Encore n'assigna-t-on à la colonisation qu'une partie de cet enclos réservé. En même temps d'ailleurs on prévint charitablement tous les civils d'Algérie qu'on abandonnait sans protection à son triste sort quiconque chercherait à vivre au delà. Or au delà il y avait déjà des fermes en la possession de Français ;

et ceux-ci ne se découragèrent pas pour si peu. Réduits à leurs propres forces, ils firent eux-mêmes la police sur leurs terrains, en organisant des patrouilles avec les indigènes à leur service et en courant sus aux bandits. Finalement l'administration alla jusqu'à refuser de leur vendre des munitions ; mieux que cela, on donna aux sentinelles réparties le long du fossé réputé protecteur, l'ordre de tirer sur les Européens qui essayeraient de franchir la ligne des postes fortifiés. C'est ainsi que l'administration française a encouragé la colonisation de 1830 à 1842 !

***

Un régime aussi extravagant devait avoir pour conséquence fatale d'allumer une petite guerre continuelle entre ceux des colons ne consentant pas à se laisser parquer et tous les malandrins indigènes de la Mitidja. Or, chose curieuse, il ne s'est trouvé ni historien, ni romancier pour s'en inspirer ; et pourtant elle a été marquée d'épisodes aussi captivants que ceux dont les marches entre l'Ecosse et l'Angleterre furent le théâtre au temps jadis. — Eh bien, en dépit de l'insécurité persistante du territoire colonisé, en dépit de la mortalité considérable due au climat (tant qu'il exista des marais dans la Mitidja), la colonisation ne cessa de progresser jusqu'au jour où s'alluma la grande guerre avec Abd-el-Kader. Malheureusement cette guerre marque la fin de ce qu'on a appelé, à bon droit, l'âge héroïque de la colonisation algérienne. Avant cette guerre, Messieurs, la population européenne civile du pays d'élevait à 33.000 âmes, dont près de 3.000 personnes exclusivement vouées au travail des champs. Sur ces 33.000 âmes on ne comptait, il est vrai, qu'un tiers environ de Français. Le reste se composait d'Italiens, d'Espagnols, d'Allemands, de Suisses, etc., la plupart manœuvres ou autres gens de très petite condition. Cependant il y avait aussi parmi eux des colons propriétaires. Ces chiffres semblent modiques ; en réalité ils sont très élevés, étant donnée l'aire extrèmement limitée de la colonisation, qui ne comprenait alors, je le rappelle, qu'une partie restreinte du Sahel et de la Mitidja. Il n'y avait en ce temps aucune colonisation française dans les provinces d'Oran et de Constantine. — La preuve que la population européenne était en progrès, je la tire du fait que le mouvement commercial de l'Algérie, qui n'atteignait pas 8 millions de francs en 1831, dépassait 56 millions en 1839.

***

Après l'invasion des hordes d'Abd-el-Kader dans la zone colonisée, maisons, fermes, toutes les installations des Européens, ainsi que leurs plantations si prospères, étaient anéanties, brûlées, ravagées ; les colons et leurs ouvriers, tout le petit monde gravitant autour d'eux, massacrés ou dispersés, l'immense effort de neuf années perdu. Tout était à recommencer, et tout, en effet, recommença, lorsque l'armée française, portée par de prompts renforts, d'abord à 60.000 hommes, puis à 100.000, eut refoulé l'invasion et réduit à une définitive impuissance les Hadjoutes et autres éléments turbulants de la Mitidja. Seulement ce fut une nouvelle couche de colons qui reprit, vers 1842, l'œuvre interrompue, et cela dans des conditions également nouvelles. Les survivants parmi les anciens, ruinés, découragés, s'associèrent à cette reprise en petit nombre.

Avant d'aborder l'exposé de cette deuxième phase de la colonisation j'ai à constater que l'affreux malheur de novembre et décembre 1839 eut au moins cela de bon qu'il fit pénétrer dans l'esprit du gouvernement français la conviction que la conquête de l'Algérie ne pouvait pas rester à mi-chemin, qu'il fallait l'achever coûte que coûte ou l'abandonner. Et c'est naturellement le premier de ces partis qu'il prit sous la pression de l'opinion publique, comme aussi de par la volonté du roi Louis-Philippe, lequel y trouvait un avantage dynastique, depuis que ses fils se distinguaient glorieusement sur les champs de bataille africains. De 1840 à 1848 l'Algérie fut donc conquise tout entière, moins la Kabylie, qui, je l'ai déjà dit, ne tomba au pouvoir de la France que sous Napoléon III, et l'extrème sud, dont l'occupation était réservée à la troisième République. Aussi, dès la reprise de la colonisation, celle-ci ne resta plus circonscrite à la Mitidja, ni même à la province d'Alger ; elle embrassa de suite les portions les plus fertiles du territoire entier. Enfin l'administration, qui l’avait entravée de son mieux, en fit désormais sa chose, lui imprima son cachet officiel.

***

J’ai dit que le maréchal Clauzel donna quelques concessions, mais celles-ci furent sans importance. C’est seulement de son successeur comme gouverneur général de l’Algérie, M. le général Bugeaud, que date véritablement la colonisation d’Etat.

Comment débuta celle-ci ? Par un acte aussi impolitique qu’inique, la dépossession en bloc des tribus indigènes du Sahel et de la Mitidja, même de celles qui s’étaient, uniquement faute de protection de notre part, jointes à Abd-el-Kader. Leur révolte n’avait pas été spontanée, et on leur appliqua donc à tort un principe de confiscation qui existe, à la vérité, dans le droit musulman, mais que nous, civilisés, n’aurions jamais dû mettre en pratique. Cet acte fut au plus éminent degré impolitique, parce qu’il enleva aux Arabes toute confiance en nous, et qu’il greffa sur la haine, que la plupart d’entr’eux portaient déjà à l’envahisseur cherchant à les subjuguer, celle que tout propriétaire voue d’instinct à quiconque menace son bien. Mais, pour coloniser en grand, il fallait, *per fas et nefas*, se procurer une vaste étendue de terre, et celle-là on ne pouvait pas l’acheter de gré à gré, comme l’avaient fait, pour leurs établissements isolés, les premiers colons.

Dans le petit territoire autour d’Alger, auquel on avait préposé une administration civile embryonnaire, ce fut celle-ci qui eut mandat d’organiser la colonisation. Elle s’empressa donc de créer un certain nombre de centres, bâtit des maisons, des églises, des mairies, etc... et se procura comme elle put des colons, c’est-à-dire fort peu et de qualité assez inférieure ; et l’on vit ainsi éclore en Algérie des sortes de villages à la Potemkine. Un immense agiotage accompagna cette fantasmagorie, et cet agiotage finit naturellement par un krach lamentable. Pourtant, je me hâte de le reconnaître, théoriquement cette colonisation civile (dite du système *Marengo*) était assez bien conçue ; aussi plus tard, après la phase de 1848, dont je parlerai tout à l’heure, lorsqu’on la pratiqua avec plus d’entente et de meilleurs éléments, donna-t-elle des résultats assez satisfaisants. Voici quelle en était l'économie : l'Etat traçait le plan du village, ouvrait les chemins, construisait les établissements communaux et, en outre, une maison pour chaque colon. Celui-ci, en arrivant, la recevait avec 10 hectares de terre. En échange il devenait redevable envers l'Etat, pour le jour où sa concession serait devenue productive, d'une somme de 1.500 francs. En réalité il fallut plus d'une fois le nourrir, ce colon, avec sa famille, jusqu'à la nouvelle récolte, lui fournir semences, cheptel et instruments de travail, et sa dette montait ainsi à 4 ou 5000 fr., que l'Etat ne recouvrait pas toujours, croyez-le bien. Mais lorsque le colon était un homme entendu et énergique, ayant une femme douée des mêmes qualités, il réussissait. Beaucoup de familles des mieux posées actuellement en Algérie ont commencé de la sorte. Je reviens au général Bugeaud.

En territoire militaire, c'est-à-dire plus loin d'Alger, le général Bugeaud, qui avait pris pour devise : « Ense et aratro », fonda les trois villages de Fouka, Beni-Méred et Mahelma, qu'il peupla avec des soldats libérés, que l'on conduisait aux champs militairement comme naguère à l'exercice. Toutefois, en homme avisé, comprenant qu'on ne colonise point avec des célibataires, il écrivit bientôt au maire de Toulon pour le prier de chercher dans sa ville des jeunes filles qui consentiraient à épouser ses colons, ajoutant que chaque ménage ainsi formé recevrait 700 francs en cadeau de noce. A ce prix on trouva, en effet, quelques jeunes filles de bonne volonté. Mais, aussitôt mariés, les époux se mirent, de concert, à manger la dot, et, quand il n'y eut plus rien, les jeunes épousées s'évadèrent, l'une après l'autre. Beaucoup de militaires en firent autant. Bref, un an après leur fondation, la population des trois villages se trouva réduite des deux tiers. Cet échec toutefois ne découragea point Bugeaud ; car en 1847, devenu maréchal de France et duc d'Isly, il réclama aux Chambres françaises 3 millions pour continuer l'expérience. Mais les chambres firent la sourde oreille, et le maréchal se démit du gouvernement de l'Algérie.

Tout cela avait à la fois égayé et indisposé l'opinion. Aussi eût-on peut-être renoncé à la colonisation officielle, n'était survenue la Révolution de 1848.

*
**

La deuxième République eut l'idée originale de déverser près de treize mille prolétaires urbains sur l'Algérie, sous prétexte de la coloniser, mais en réalité pour débarrasser d'autant Paris et les grandes villes. Plus de sept mille les suivirent en 1849 et 1850, ce qui représente un total de 20.000 personnes, en immense majorité absolument inaptes au travail de la terre et, en général, sans consistance morale. Ce singulier monde s'occupa principale-ment de politique, ouvrit, à cet effet, des clubs et y vilipenda ferme le gouvernement. A la date du 31 décembre 1850, 3.359 de ces malheureux étaient morts, 7.000 avaient abandonné les concessions et étaient rentrés en France. Pendant les années suivantes la plupart des autres disparurent également. Des villages entiers ne conservèrent qu'un seul habitant, l'employé chargé de les surveiller, et auquel le public narquois donnait le sobriquet de gardien des ruines. Mais la conséquence la plus fâcheuse de cette aventure fut la perturbation qu'elle jeta dans la population déjà établie, et dont le chiffre baissa considérablement, même dans les villes. Quelques-uns cependant des colons improvisés de 1848 réussirent à force de courage et de ténacité.

Et maintenant un peu de statistique.

En 1850, donc juste vingt ans après la conquête, défalcation faite des pertes signalées, la situation de l'Algérie, au point de vue de la colonisation, était la suivante. J'emprunte les chiffres que je vais énoncer au remarquable ouvrage de M. Cazenave :

La province d'Alger comptait 37 centres de population agricole, dont 25 villages fort prospères ; et, à côté de la colonisation d'Etat, l'initiative privée avait créé de nouveau un grand nombre de fermes dans le Sahel. Les Trappistes, d'autres religieux encore s'étaient distingués là. Les exploitations particulières avaient aussi pris un certain essor du côté de Blida, et dans la Mitidja. Les cultures européennes de la province embrassaient une superficie de 14.000 hectares, dont 11,461 en rapport ; on comptait 226.000 arbres plantés, 2.630 maisons de ferme avec leurs dépendances, pouvant valoir près de 12 millions de francs. 630 puits avaient été forés ou aménagés ; 20.000 têtes de bétail appartenaient aux colons européens. En Oranie la population agricole occupait 12 villes ou villages ; les alentours d'Oran comptaient 195 fermes. Il y avait 30 propriétés européennes près de Mostaganem. En tout 10.320 hectares étaient mis en culture ; 120.000 arbres plantés ; 2.088 maisons ou fermes construites, 11.000 têtes de bétail. Dans la province de Constantine, 11 centres de population rurale. Philippeville, Bône, Guelma, Constantine tenaient la tête. Autour de Constantine même s'étaient fondées 78 exploitations. Chiffres d'ensemble : 10.329 hectares, 600.000 arbres plantés, 1.600 constructions rurales d'une valeur approximative de 6 millions 1/2 ; 11.000 têtes de bétail. Avec cela une impulsion considérable avait été donnée partout aux travaux publics : routes, assèchement, ports, etc... Le mouvement commercial par mer s'élevait à 82.955.165 francs ; 72.692.780 à l'importation (l'armée était la grande consommatrice), 10.262.383 à l'exportation. La population civile européenne était de 131.283 habitants, en augmentation de près de 100.000 sur 1839. Le grand désastre de cette année se trouvait donc largement réparé.

***.

Pendant toute la durée du gouvernement de Louis-Napoléon Bonaparte, d'abord comme Président de la République, puis comme Empereur sous le nom de Napoléon III, la colonisation officielle en Algérie se ralentit. De 1851 à 1860 85 centres seulement furent créés avec environ 15.000 colons, qui, hélas, eux aussi, déguerpirent en grand nombre ; puis, le système des concessions ayant été abandonné en 1860, et les terrains du domaine ne pouvant plus être acquis que par achat, l'administration ne réussit à créer que 11 villages avec 4.582 habitants de 1860 à 1870. Néanmoins la prospérité générale du pays n'en souffrit point, parce que durant l'empire la colonisation libre reprit avec vigueur, et cela en partie dans les mêmes régions qu'avait vivifiées la première couche de colons libres d'avant 1839. En outre de nouveaux grands travaux d'utilité publique s'exécutèrent en Algérie. Diverses villes furent agrandies et embellies, tandis que leur population s'accroissait ; les chemins de fer furent commencés. Le commerce avec la métropole reçut une puissante impulsion grâce à une loi abolissant en France tout droit de douane sur les produits algériens. La colonie fut dotée d'un établissement spécial de crédit. De grandes compagnies de colonisation virent le jour. Enfin le Sénatus-Consulte du 22 avril 1863 rendit les tribus arabes propriétaires incontestés des territoires occupés par elles.

Cependant Napoléon III aurait pu faire davantage. Par malheur, s'il était animé à l'égard de notre grande possession nord-africaine d'intentions excellentes, il avait à son sujet des idées étrangement flottantes, comme le prouve la célèbre définition par lui formulée : « l'Algérie est un camp français, une colonie européenne, un royaume arabe. » Ce furent en somme les Arabes qui profitèrent le plus de sa sollicitude.

A la chute de l'Empire, il existait en Algérie, toujours d'après M. Cazenave, qui malheureusement n'indique ni le nombre, ni la contenance des fermes isolées, 242 centres européens, dont 108 dans la province d'Alger, 76 dans celle d'Oran, 58 dans celle de Constantine. La superficie livrée à la colonisation villageoise (je suppose du moins que M. Cazenave ne tient compte que d'elle) s'élevait à 716.880 hectares. D'après le recensement de 1866 la population de sang européen atteignait 217.990 âmes, se répartissant ainsi : 112.119 Français, 105.871 étrangers, à savoir : 58.510 Espagnols, 26.655 Italiens, 10.627 Anglo-Maltais, 5,436 Allemands, 4.643 divers. Le mouvement du commerce s'élevait à 306.703.517 francs, dont 195.002.843 fr. pour les importations, 111,702.672 pour les exportations. De plus les recettes du trésor approchaient de 30 millions. A remarquer que la vigne, devenue depuis la principale richesse du pays, couvrait déjà sous Napoléon III 9.045 hectares, produisant 126.876 hectolitres de vin.

*
* *

Comment se fit-il que la colonisation d'Etat, suspendue pendant 10 ans, nous venons de le voir, fut de nouveau pratiquée après 1870. Ce fait résulta de la grande insurrection qui mit l'Algérie à feu et à sang en 1871 ; or cette insurrection doit elle-même être attribuée à deux causes : premièrement le violent dépit qu'éprouvèrent les grands chefs indigènes, auxquels l'Empire avait conservé leur situation privilégiée, en apprenant qu'une administration civile prenait dans la colonie la place du gouvernement militaire dont ils avaient eu à se louer ; deuxièmement l'exaspération que provoqua chez eux l'impolitique décret Crémieux conférant aux Israélites en masse la qualité de Français.

A la suite de cette insurrection le gouvernement, renouvelant la faute des années quarante, confisqua, en effet, les biens de 316 tri_ bus ou douars et en outre ceux de 3.243 familles ou individualités indigènes. Cette gigantesque opération mit entre ses mains 2 millions d'hectares de terres, desquels il ne garda cependant, en fin de compte, que 500.000, après avoir rendu aux dépouillés le reste, moyennant une sorte de rachat, dont le produit servit en partie à indemniser les colons ayant été victimes de la tourmente. Le gouvernement commença par consacrer une large portion des terres confisquées à fonder, avec le concours de comités spéciaux et d'une société dite de protection des Alsaciens-Lorrains, à la tête de laquelle se trouvaient le comte d'Haussonville et M. Jean Dollfus de Mulhouse, des centres, où il cantonna des émigrés des provinces perdues par la France. C'est ainsi que le département d'Alger reçoit 272 familles, celui d'Oran 151, celui de Constantine 397. Malheureusement parmi ces familles quelques-unes ne firent pas preuve d'une moralité à la hauteur de leur attachement à la France ; d'autres (c'étaient des ouvriers de fabrique) périclitèrent faute d'aptitude à la culture. Un plus grand nombre furent dévorées par le climat, qui ne leur convenait point ; d'autres enfin rentrèrent en Alsace. Bref le résultat de cette généreuse entreprise fut médiocre. Mais en dehors des Alsaciens-Lorrains d'autres aspirants colons furent lotis en même temps. Et le mode de leurs concessions fut de nouveau, à peu de chose près, celui en faveur sous la seconde République. Au total l'administration créa, de 1871 à 1882, 190 villages nouveaux et en agrandit 47, le tout sur une étendue de 475.804 hectares, et moyennant une dépense de 43.261.991 francs, ce qui profita à 9.858 familles, en apparence du moins, pas à toutes en fait. Comme cela se passe invariablement avec le régime de la concession gratuite, nombreux furent, cette fois de nouveau, les colons qui durent résigner leur concession avant qu'elle leur fût acquise, et beaucoup d'autres durent la vendre ou en furent expropriés pour dettes, à peine en étaient-ils devenus propriétaires. C'est le vice de l'institution, et ce vice l'administration le connaît parfaitement. Seulement, comme elle se trouve, étant donné notre régime démocratique, à la merci des colons politiciens, et que ceux-ci en profitent, elle cherche à le gazer. C'est ce qui explique pourquoi les nombreuses publications inspirées par le gouvernement algérien, tant en Afrique qu'en France, sont si peu explicites à ce sujet. Entre 1882

et l'année présente toutes choses se sont passées exactement de
même, sauf que le gouvernement, n'ayant plus à sa disposition
de terres confisquées, a dû en acquérir en en achetant aux
Arabes de gré à gré le plus souvent, mais quelquefois aussi
par voie d'expropriation. Vous me dispenserez d'entrer dans
de plus amples détails touchant cette dernière période de la
colonisation.

***

Mais je vois, Messieurs, que vous avez tous la même question
sur les lèvres. Comment se fait-il, pensez-vous, que, le système
de la colonisation officielle ayant causé tant de ruines indivi-
duelles, les villages créés par l'administration soient presque tous
néanmoins restés peuplés, que même beaucoup de ces villages
aient passé au rang de bourg ou de ville ? L'explication du phéno-
mène, la voici : La colonisation libre n'a pas cessé de fonctionner
parallèlement à l'officielle. A côté des rares villages qui ont été
abandonnés, dont il ne reste plus trace (*etiam periere ruinæ*) et
d'autres, bien diminués, la plupart prospèrent, parce que des
colons libres y ont acheté les concessions des colons officiels
ruinés après après avoir aménagé leur terrain. Or ces nouveaux
venus réussissent généralement, par la raison qu'ils disposent de
ressources que les autres n'ont pas, et qu'ils sont, sous bien des
rapports, mieux préparés à leur tâche. — « Mais alors », objec-
terez-vous, » la colonisation officielle était donc inutile ; les colons
libres auraient faits à eux seuls la besogne. » Hé bien cela n'est
pas sûr. Il n'y a que les hommes vraiment riches qui soient en
état d'acheter aux indigènes, loin de toute agglomération européenne, un terrain assez important pour y créer une exploitation
pouvant se suffire à elle-même. Les gens craignant la solitude ou
n'ayant qu'une demi-fortune ne s'y risquent guère. Ce sont les
facilités de tout genre, qu'ils trouvent dans les centres préétablis,
qui les attirent. Si l'Algérie avait été livrée exclusivement à la
colonisation libre, la population agricole européenne y serait
donc vraisemblablement moins dense qu'elle ne l'est. D'autre part
il y avait pour l'Etat un intérêt à la fois politique et stratégique
à créer des centres européens sur certains points bien choisis à

cet effet, que la colonisation libre eût peut-être négligés. Pour
ces motifs, la colonisation officielle n'a pas été inutile. Il est
permis, en revanche, de croire qu'elle aurait pu fonctionner de
manière à ruiner moins de gens et à coûter beaucoup moins
cher à l'Etat, qui y a consacré des sommes énormes. Aussi l'o-
pinion est-elle devenue contraire à ce système, du moins dans la
métropole, et cela se traduit par une réduction croissante des
crédits annuels alloués à la colonisation officielle. Il n'est cependant pas expédient de l'arrêter tout de suite ; car à l'entrée des
hauts plateaux quelques points appellent encore la création de
centres européens stratégiques.

Du reste les partisans eux-mêmes de la colonisation d'Etat n'ont
cessé de critiquer sa mise en œuvre. Ils se plaignent 1° de ce
que sur les fonds de colonisation de trop grosses sommes aillent
à des communes abusivement favorisées, pour des travaux
qu'elles pourraient faire avec leurs propres ressources ; 2° de ce
qu'on dépense trop pour secours individuels aux colons ; 3° de
ce que trop de concessions sont données à des fils de colons. Cet
abus, engendré par la politique, est, en effet, criant ; car c'est
indubitablement pour attirer des agriculteurs de France en Algérie que le système a été imaginé ; 4° enfin de ce qu'une foule
de dépenses bizarres, n'ayant rien de commun avec la colonisation, sont soldées par la caisse coloniale. On cite sous ce rapport
le fait plaisant que le déficit laissé par une cavalcade de jeunes
gens nullement cultivateurs aurait été, un jour, couvert par elle.
Mais glissons ; car la colonisation algérienne est une de ces choses
qui méritent d'être jugées de haut.

Qu'a-t-elle produit jusqu'ici, quels résultat a-t-elle donnés, ou,
pour élargir la question, quelle a été l'œuvre totale matérielle de
la France en Algérie ?

Le pays, que nous avons trouvé sans routes ni ponts, possède
aujourd'hui plus de 3,000 kilomètres de chemins de fer, plus de
30.000 kilomètres de voies voiturables. Il a été doté en abon-
dance de postes et de télégraphes. Sur un littoral de plus de
1,100 kilomètres des ports bien outillés ont été créés : à Alger,

Oran, Mostaganem, Bougie, Philippeville, Bône. A la place des corsaires barbaresques s'est établi sur les côtes algériennes un mouvement de navires pacifiques de plus de 3 millions 1/2 de tonnes. Le pays, dont le sol était, non pas à l'état primitif, mais *défertilisé* par la barbarie, a vu naître ou agrandir 605 villages. La superficie mise à la disposition des colons villageois du Tell couvre à cette heure 1.800.000 hectares. On compte en plus 8,229 fermes isolées. Les terres cultivées effectivement par les Européens embrassent une superficie de 1.435.602 hectares ; celle par les indigènes 6.161.150 hectares, beaucoup plus qu'ils n'en cultivaient avant la conquête ; 788.263 têtes de bétail appartiennent aux Européens, 12.500.000 aux indigènes. Le nombre d'hectares cultivés en plantes potagères et légumes divers, primeurs, plantes et racines alimentaires est, avec les prairies artificielles, de 95.112. Même progrès pour l'arboriculture fruitière. On a recensé en 1899 six millions d'oliviers greffés, 1.800.000 appartiennent aux Européens. Avant la conquête le raisin n'était cultivé que comme fruit de table. En 1899 (dernière statistique) l'Algérie possédait un vignoble de 155,019 hectares fournissant une récolte qui a produit 4.520.478 hectolitres de vin. D'immenses gisements de phosphate, que les indigènes n'utilisaient point, commencent à être mis en exploitation. D'autres mines se développent. Enfin l'Algérie, assainie, a vu énormément augmenter sa population. Il va sans dire qu'on ne connaît pas le chiffre des Indigènes en 1830. En 1882 il était de 2.842.497 âmes, et il s'est élevé en 1896 (date du dernier recensement) à 3.764.600, soit un accroissement de plus de 900.000 âmes en quinze ans ! Quant aux Français d'origine et naturalisés, le même recensement les porte à 318.137 âmes ; les Israélites citoyens français à 48.763 ; les étrangers musulmans (Marocains et Tunisiens) à 17.000 ; les autres étrangers, en majeure partie Espagnols et Italiens, à 211.580. Ces chiffres sont tellements éloquents que vous ne me démentirez pas si je dis que l'œuvre accomplie fait honneur à la France.

*
* *

Malheureusement il n'y a pas de médaille sans revers, et, pour l'Algérie, le revers de la médaille est la situation des indigènes.

Assurément ils cultivent aujourd'hui une surface supérieure à celle qu'ils labouraient en 1830. Mais beaucoup de leurs terres sont moins bonnes qu'étaient celles qu'ils ne détiennent plus. Les meilleures, ils les ont perdues à la suite des grands soulèvements de 1839 et de 1871. Et puis ils en ont perdu encore beaucoup par suite de l'insouciance enfantine qui en fait les victimes prédestinées de l'usure : usure juive, usure européenne, usure indigène aussi. L'introduction hâtive de la législation française a été pour eux une autre cause de ruine. C'est ainsi qu'il arrive trop souvent qu'un indigène vend à quelque spéculateur sa part dans la propriété collective de son douar. Or cette part étant idéale et nullement délimitée sur le sol, pour la réaliser il faut vendre tout le bloc dont elle fait partie, aux enchères, exproprier le douar tout entier, opération inique, dont profitent le prêteur initial et d'autres hommes de proie. Ça a été une pure insanité d'appliquer le principe du Code civil français, en vertu duquel nul n'est tenu de rester dans l'indivision, à une société qui repose précisément sur le principe de la propriété collective. — Il existe en Algérie des forêts où il y a des arbres comme en France, mais aussi d'autres, en beaucoup plus grand nombre, où il n'y en a pas, ou si peu qu'il faut s'y promener longtemps avant d'en apercevoir un. Ces prétendues forêts sont en réalité des espaces couverts de rochers, de pierrailles, de broussailles, avec, au milieu, des clairières où pousse un peu d'herbe. Depuis des siècles une population de peut-être un million d'indigènes vit là avec ses maigres troupeaux. Jamais à l'époque des souverainetés arabes, ni au temps des Turcs ils n'avaient été troublés dans leur jouissance, bien qu'en théorie le droit musulman attribue à l'état la propriété de tout terrain n'appartenant ni à une personne déterminée ni à une collectivité bien définie. Avec notre administration savante cela a changé. On a appliqué à ces forêts quasi sans arbres les règles de notre code forestier, chicané et tracassé les indigènes sous prétexte qu'ils y commettaient les plus insignes dégâts, et finalement condamné ces malheureux à d'innombrables amendes ; si bien que le produit de celles-ci est devenu le rendement principal de ces forêts revendiquées par le domaine. Qu'en est-il résulté ? C'est que les indigènes, poussés au désespoir, ont brûlé, avec beaucoup de forêts où il n'y avait que de vagues broussailles, d'autres où il y avait des arbres pour de vrai. Aussi l'Algérie tend-elle à devenir chauve comme la main. Fastidieuse, Messieurs, serait la liste des abus dont a été accompagnée l'introduction là-bas de ce que nous appelons la civilisation, si j'avais le courage de la dérouler devant vous. Aussi je m'arrête.

****

A la longue, messieurs, on a compris en France que l'on faisait fausse route en voulant traiter l'Algérie comme un simple prolongement de la métropole. Sous l'impulsion d'hommes éclairés et patriotes (je ne nommerai que Jules Ferry) le régime néfaste des rattachements a été abandonné. Sauf pour les questions touchant à l'armée, à la justice, à l'instruction publique et aux cultes non musulmans, l'administration algérienne est remise aux mains d'un gouverneur général; les bureaux ministériels à Paris en sont dessaisis. Un nouveau Code forestier, approprié à l'Algérie, a été voté, et, grâce à cela, espérons-le, ce qui reste de bois là-bas ne flambera plus. Cette première réforme devra être suivie de beaucoup d'autres. La plus urgente consiste à entourer de nouvelles garanties la propriété collective des indigènes, et à ressusciter pour une multitude d'affaires la justice du Cadi. Puis il faudra soustraire, le plus possible, les Indigènes à l'autorité des municipalités françaises élues, lesquelles se montrent en général peu soucieuses de leurs intérêts, et ne songent guère qu'à en tirer de l'argent. Ceci mérite quelques mots d'explication. Il existe en Algérie deux espèces de communes : celles dites *mixtes*, à la tête desquelles est placé un *administrateur*, fonctionnaire de l'Etat, et celles dites *de plein exercice*, administrées par un maire élu comme en France et assisté d'un conseil municipal, dans lequel siègent, à la vérité, quelques indigènes comme représentants de leurs compatriotes, mais où une majorité écrasante est, de par la loi, assurée aux élus des colons, alors même que ces colons ne formeraient qu'un dixième, un vingtième et même moins de la population totale. Evidemment ce maire, ce conseil municipal, dépendants des colons, s'occupent en première ligne de ceux-ci, et, s'ils n'oublient pas tout à fait les indigènes, c'est par un vague sentiment d'équité naturelle. Organiquement rien ne les y oblige. Dans la pratique donc, lorsqu'il s'agira d'établir une conduite d'eau, de tracer un chemin, d'installer un marché, ce sera la commodité des colons qui en décidera; celle des indigènes sera peu ou point consultée. Ne vous indignez pas de cela; il faut prendre les hommes comme ils sont. Or les colons algériens ne sont pas des philosophes, mais, la plupart, de petites gens d'une culture d'esprit fort ordinaire, ayant beaucoup peiné pour se créer une existence, et dès lors devenus très attentifs à leur propre intérêt. Ils ont sous les yeux des hommes autrement vêtus qu'eux, faisant la cuisine autrement, professant une religion différente de la leur, parlant une autre langue. Ils inclinent donc naturellement à voir en ceux-ci des êtres inférieurs, et de là à les considérer comme des corvéables de par leur nature il n'y a qu'un pas, un pas d'autant plus aisément franchi, que la presse algérienne y encourage chaque matin. C'est au fond l'état d'esprit des Turcs d'Asie Mineure vis-à-vis de leurs voisins chrétiens, férocité native en moins. Cela n'empêche pas certes les rapports individuels d'homme à homme entre colon et indigène d'être souvent, même très souvent bons, parfois excellents. Ce sont les rapports entre les deux collectivités qui ne le sont guère, parce que l'une a tous les privilèges et que l'autre est très insuffisamment représentée dans les corps élus. Voilà la raison pour laquelle il faut, je le répète, le plus possible soustraire les indigènes à l'autorité des municipalités de colons, et charger un fonctionnaire de carrière du soin de leurs intérêts. Or l'on ne peut arriver à cela qu'en détachant des communes européennes les douars qu'elles se sont annexés, et dont les habitants sont devenus, par un abus intolérable, quelque chose comme leurs hommes-liges. L'indigène respecte d'ailleurs le fonctionnaire du gouvernement; il ne respecte pas le colon, serait-il maire, parce qu'en lui il ne voit pas un chef mais un concurrent dans l'ordre économique et souvent un exploiteur.

Il faudra réviser pareillement le Code de l'Indigénat, lequel attribue aux *administrateurs* des communes mixtes sur les Musulmans un pouvoir disciplinaire exorbitant. — Autre abus à réformer d'urgence : à cette heure un indigène, quelle que soit sa condition sociale, serait-il docteur en droit, en médecine, grand propriétaire ou commandeur de la Légion d'Honneur, ne peut entreprendre le moindre voyage hors de sa circonscription sans un permis spécial de l'autorité. Que cela cesse, et que, comme en

Bosnie, tout indigène, n'étant pas un malandrin avéré, puisse obtenir, à bas prix, une carte d'identité permis de voyage, valable pour une année, avec laquelle il lui sera loisible de circuler où bon lui semblera. Les indigènes se sont trop frottés à nous pour que de criantes inégalités avec nous dans la vie de tous les jours ne les froissent pas jusqu'au fond de l'âme.

Récemment des décrets, surpris sans doute à l'inattention de M. le Président de la République, avaient organisé en Algérie, sous le fallacieux prétexte d'y rétablir la sécurité (ce qui aurait pu se faire en y renforçant considérablement la police) une justice dite *répressive*, spéciale pour les indigènes. Ces décrets contenaient des dispositions draconiennes, indignes d'un pays civilisé. Aussi les maintenir eût-il été impossible. Un député de la Haute-Marne, M. Albin Rozet, les a combattus à la Chambre, qui lui a donné raison. En conséquence une commission extra-parlementaire a été réunie au ministère de la justice à Paris, sous la présidence de M. Lœw, ancien président de chambre à la cour de cassation, pour les réviser. Or elle s'est acquittée de sa tâche dans un esprit libéral. C'est un signe des temps. Il prouve que les fantaisies d'omnipotence oppressive des politiciens algériens au préjudice des indigènes sont désormais appréciées comme il convient.

*
* *

Le temps, Messieurs, marche pour les indigènes algériens comme pour les autres humains. Leur contact avec nous les instruit de leurs droits, comme il leur fait insensiblement améliorer leurs cultures. A notre exemple beaucoup d'entre eux deviennent prévoyants, économes, ordonnés; beaucoup d'entre eux redeviennent riches, et en profitent pour racheter aux colons de belles fermes qu'ils feront valoir comme eux. Ils sont à cette heure une faible minorité. Mais leur nombre grandit. En tout cas on ne saurait traiter de tels gens comme une quantité négligeable.

*
* *

Nos revues, nos journaux sont remplis d'articles prêchant la nécessité d'entraver l'affluence des étrangers en Algérie et d'y renforcer par tous les moyens l'élément français. Tout ceci est parfaitement vain, étant donnée la faible natalité de notre race, du moins dans la métropole. Il faut donc s'appliquer le plus promptement qu'on le pourra à franciser les Espagnols et les Italiens établis dans notre colonie. Ce sera l'affaire de nos maîtres d'école. Les émigrés italiens en Argentine deviennent à la deuxième génération d'excellents Argentins. Pourquoi se montreraient-ils moins assimilables en Afrique ? Ayons confiance. Quant aux appels sauvages au refoulement et à l'extermination des Arabes, qui ont retenti, trop longtemps pour son honneur, dans une partie de la presse coloniale algérienne, ils sont passés de mode. La population indigène augmente rapidement, c'est un fait ne comportant aucun correctif. Il faut donc en prendre son parti. Que l'on traite ces gens avec justice, en leur donnant, à eux aussi, de nombreuses écoles, où les nouvelles générations apprendront le français. Moyennant cela on ne les assimilera point certes, en ce sens qu'ils garderont leur mentalité et leur religion ; mais on les habituera à s'accommoder de notre domination. C'est tout ce que nous pouvons espérer. Grâce à une politique sage l'Algérie pourra prospérer avec deux groupes de population s'enchevêtrant sans s'amalgamer. Il en fut ainsi, aux mêmes lieux, du temps des Romains.

DIJON. — IMPRIMERIE DARANTIERE

www.ingramcontent.com/pod-product-compliance
Lightning Source LLC
LaVergne TN
LVHW010338030726
842520LV00004B/1549